ÉTUDES PRATIQUES

sur les

CHEMINS DE FER

FRANÇAIS

Typ. V.-E. Gauthier et Cᵉ, descente de la Casorne, 1.

ÉTUDES PRATIQUES

CHEMINS DE FER

FRANÇAIS

—

TRANSPORTS EN GRANDE & EN PETITE VITESSE

—

RENSEIGNEMENTS

UTILES AU PUBLIC & AU COMMERCE

—

Cessante causa
Cessat effectus.

NICE

IMPRIMERIE V.-EUGÈNE GAUTHIER ET Cᵉ

—

1869

PREMIÈRE PARTIE

—

GRANDE VITESSE

—

CHAPITRE Ier

La critique pure et simple n'est pas le but de notre pensée. L'étude que nous désirons faire sur les tarifs de nos chemins de fer français, et sur leur application, nous paraît devoir mériter l'attention du gouvernement, des administrateurs de nos lignes ferrées, du public et du commerce.

Donc, le but que nous nous proposons est celui-ci :

Chercher le progrès, arriver à sa découverte, en faire bénéficier le public.

Nous appartenons de cœur à ceux qui pensent que le progrès est d'utilité générale ; mais, pour le découvrir et en appliquer les bienfaits, nous n'entendons pas détruire l'ensemble de ce qui existe ; nous nous bornons à signaler les parties douteuses, à demander la modification de celles qui nous paraissent incomplètes, à étudier les voies et les moyens propres à nous assurer :

Une égalité réelle dans l'application des tarifs ;

Une sécurité dans nos transactions commerciales ;

Une connaissance parfaite de nos droits.

Point n'est besoin d'être légiste pour discuter les questions que nous allons examiner. Le bon sens et la justice nous guideront pour signaler à qui de droit les regrettables errements — inséparables de toute grande et nouvelle entreprise — qui se sont produits lors de la création de nos lignes ferrées, mais qui ne sauraient survivre plus longtemps sans nuire aux intérêts du public, au commerce et sans amener encore une suite incalculable de ces nombreux procès que nos tribunaux de commerce sont appelés à juger tous les jours.

Si nous exceptons quelques cas tout à fait particuliers, si nous exceptons quelques causes imprévues dont la solution ne saurait prévaloir qu'après examen approfondi des juges consulaires, que voyons-nous, au tribunal de Commerce, en matière de procès faits aux Compagnies de chemins de fer, ou tentés par elles?

Nous voyons que, sur dix affaires, neuf proviennent, soit :

D'un malentendu sur l'application des tarifs ;

D'un malentendu sur les délais de transport ;

D'un malentendu sur l'application des conditions générales d'expédition.

Le commerce, nous en avons la conviction, possède le sentiment du juste ! D'où naissent alors les nombreux procès qu'il intente ou qu'il subit ? Pourquoi ces procès ?

C'est que les conditions imposées par l'État aux Compagnies de chemins de fer ne sont que très-imparfaitement connues du public ; c'est que ces conditions, multiples à l'infini, ne sont pas égales pour toutes les lignes ; c'est qu'il faut, pour en obtenir la franche application, un savoir approfondi, une connaissance parfaite que six mois d'études ne parviendraient pas toujours à donner.

Nous n'accusons donc pas le commerce de ses récriminations, de ses plaintes continuelles ; nous ne le blâmons donc pas de vouloir discuter ses droits, de faire et de soutenir des procès ; nous prenons acte seulement de ce qui existe et, en signalant ce fâcheux état de choses, nous cherchons s'il n'y aurait pas lieu, pour le gouvernement, de faire discuter savamment et de réviser, au besoin, les trop innombrables conditions qui régissent nos chemins de fer et dont ceux-ci pourraient trop largement profiter en nous les imposant encore, suivant leurs droits actuels.

Telles conditions jugées utiles il y a vingt ans, alors que les chemins de fer étaient à l'état d'enfance, alors que le remarquable réseau de fer que nous possédons aujourd'hui était encore à l'état de projet, telles conditions, possibles alors, n'ont plus leur raison d'être, car elles amèneraient, encore et toujours, procès sur procès.

Cherchons donc à annuler les causes et les procès disparaîtront.

C'est dans cet espoir que nous nous permettrons de signaler le mal où nous le découvrirons, d'indiquer les réformes là où elles nous paraîtront utiles, de formuler, enfin, les changements, additions et modifications qui nous sembleraient justes et indispensables à la réussite de nos projets, c'est-à-dire à une entente plus vraie, plus logique entre le public et les Compagnies de chemins de fer.

Heureux nous serons si, par ce modeste travail, nous parvenons à nous rendre utile.

CHAPITRE II

Égalité devant les tarifs

—

Peut-il en être autrement, et peut-il arriver que deux expéditions d'un même poids, de même nature, ayant la même destination, aient à payer des prix différents de transport? Nous répondons affirmativement.

Peut-il arriver que deux expéditions de même nature, ayant la même destination, aient à payer une taxe égale bien que le poids de chacune d'elles soit différent? Nous répondrons encore par l'affirmative.

Cette anomalie préjudiciable au commerce comme au public provient :

1° De la complication des tarifs qui se divisent : — en tarifs généraux, — en tarifs spéciaux, — en tarifs communs ; se subdivisant eux-mêmes en un nombre indéfini de tarifs applicables à de certaines marchandises et dans de certaines conditions ;

2° De la dissemblance qui existe dans les conditions d'application de ces divers tarifs, soit comme taxe, soit comme délai et comme poids, soit comme mode d'emballage, soit encore comme garantie prise par les Compagnies de chemins de fer ;

3° De la difficulté, de l'impossibilité même qu'éprouve le public à pouvoir se reconnaître au milieu de ce dédale, et à pouvoir profiter des tarifs les plus réduits auxquels il a bien droit ;

4° Du manque absolu de *bureaux spéciaux* où tout expéditeur pourrait obtenir, à son aise et à son temps, les renseignements qui lui sont nécessaires, indispensables.

Nous essaierons, par des exemples, de

démontrer la justesse de nos assertions. Nos observations porteront également sur les expéditions en grande et en petite vitesse, et chacune d'elles sera suivie soit de tableaux comparatifs, soit de démonstrations; nous rechercherons ainsi cette égalité de tarifs que nous demandons pour tous et qui, pour tous, doit exister au même titre.

CHAPITRE III

Délais de transport. — Conditions

—

Les animaux, denrées, marchandises et objets quelconques à grande vitesse sont expédiés, transportés et livrés, de gare en gare, dans les délais fixés par l'arrêté ministériel du 12 juin 1866.

1° L'intervalle entre la remise aux gares des expéditions de *messagerie* et de *finances* et l'heure réglementaire du départ du train auquel ces expéditions sont destinées, est réduit à *deux heures* pour les ex-

péditions composées d'un *seul colis* et *pesant 10 kilog. au plus.*

2° Les expéditions de *messagerie* et de
finances composées d'un *seul colis* et *pesant
5 kilog. au plus,* sont admises dans les trains
express :

Art. 2. — Les animaux, denrées, marchandises et
objets quelconques à grande vitesse, seront expédiés
par le premier train de voyageurs comprenant des
voitures de toutes classes et correspondant avec leur
destination, pourvu qu'ils aient été présentés à l'enregistrement *trois heures* au moins, avant l'heure rè-
glementaire du départ de ce train ; faute de quoi, il
seront remis au départ suivant.

Les Compagnies pourront être autorisées sur leur
demande à admettre les petits colis dans les trains
express ou poste, sauf à appliquer le même traite-
ment à tous les expéditeurs classés dans les mêmes
conditions. Les autorisations précédemment accordées
sont maintenues.

Art. 3. — Pour les animaux, denrées, marchandises et objets quelconques passant d'un réseau sur
un autre sans solution de continuité, le délai de la
transmission sera de trois heures, à compter de l'arrivée du train qui les aura apportés au point de
jonction, et l'expédition, à partir de ce point, aura lieu
par le premier train de voyageurs comprenant des

voitures des toutes classes, dont le départ suivra l'expiration de ce délai.

Le délai de transmission entre les réseaux qui, aboutissant dans une même localité, n'ont pas encore de gare commune, sera porté à huit heures, non compris le temps pendant lequel les gares sont fermées, conformément au deuxième et un troisième paragraphe de l'article 5 ci-dessous, et il-sera de la même durée entre les diverses gares de Paris formant têtes de ligne, jusqu'à ce que le service de la grande vitesse entre lesdites gares ait été organisé sur le chemin de fer de Ceinture, le surplus des conditions énoncées au paragraphe 1er du présent article restant applicable dans ces deux derniers cas.

Art. 4. — Les expéditions seront mises à la disposition des destinataires, à la gare, deux heures après l'arrivée du train mentionné aux articles 2 et 3.

Art. 5. — Les expéditions arrivant de nuit ne seront mises à la disposition des destinataires que deux heures après l'ouverture de la gare.

Du 1er avril au 30 septembre, les gares seront ouvertes, pour la réception et la livraison des marchandises à grande vitesse, à 6 heures du matin, au plus tard, et fermées, au plus tôt, à 8 heures du soir.

Du 1er octobre au 31 mars, elles seront ouvertes à 7 heures du matin, au plus tard, et fermées au plus tôt, à 8 h. du soir.

Art. 14. — Aux délais fixés ci-dessus. . . . seront ajoutés les délais nécessaires pour l'accomplissement des formalités de douane.

Art. 56: — Les expéditeurs des voitures et d'animaux sont tenus de prévenir le chef de la gare du départ, vingt-quatre heures au moins à l'avance, en lui faisant connaître le nombre et la nature des voitures ou des animaux qu'ils ont à faire transporter.

Cette disposition ne s'applique pas aux chiens ni aux animaux en cages.

CHAPITRE IV

Application des taxes (Grande vitesse).
Marchandises en général.

—

D'après le conditions d'application des tarifs généraux en grande vitesse, les articles de messagerie et marchandises, en tant qu'ils ne contiennent pas de finances, valeurs et objets d'art, sont taxés, sans distinction de nature, à 0 fr. 50 cent. par tonne et par kilomètre par expédition de 0 à 40 kilog. inclusivement et à 0 fr. 40 cent. par tonne et par kilomètre par expédition dépassant 40 kilogrammes.

Ces prix seront appliqués à tous paquets ou colis *quoique emballés à part*, s'ils font partie d'envois faits par une même personne à une même personne.

La taxe, en grande vitesse appliquée sur les chemins de fer et homologuée par l'État, *quoique uniforme* sur toutes les lignes françaises, ne reçoit cependant pas sa réelle application. Il arrive, en effet, que des expéditions d'un même poids, d'un parcours égal, ont à payer des prix différents suivant qu'elles ont à suivre tel ou tel réseau, ou qu'elles doivent changer de ligne pour arriver à destination.

Pour démontrer la différence de prix qui existe entre les expéditions dont nous parlons, et pour en bien faire ressortir les taxes, nous citons des exemples :

Supposons deux expéditions d'un égal poids, 2 kilogrammes, par exemple, ayant à parcourir un même nombre de kilomètres, passant l'une par le *Lyon-Méditerranée*, l'autre par l'*Orléans;* choisissons *Albi* (Tarn) et *Arles* (Bouches-du-Rhône), ces deux villes à égale distance de Paris, et nous aurons les taxes suivantes, de gare en gare, timbre et enregistrement compris :

Pour   ⎰ de Paris à Albi -- 778 kilom. — **2** fr.
2 kilog. ⎰ de Paris à Arles -- 777   »   — **1 10**

Supposons maintenant deux autres expéditions d'un égal poids de 35 kil., parcourant un même nombre de kilom., adressées de Paris à Genève (Suisse), et de Paris à Brest (Finistère), ces deux expéditions auront à payer :

Pour   ⎰ de Paris à Genève -- 625 kilom. **11** fr. **25**
35 kilog. ⎰ de Paris à Brest -- 623   »   **12**   **20**

Établissons encore le prix de deux envois d'un même poids, soit 25 kil., à expédier à égale distance, passant le premier sur une seule ligne, le second empruntant deux réseaux, de Marseille (Bouches-du-Rhône) à Moulins (Allier), et de Marseille à Bagnères-de-Bigorre (Hautes-Pyrénées), les taxes seront appliquées comme suit :

Pour   ⎰ de Marseille à Moulins -- 550 k. — **7** fr. **20**
        ⎰ de Marseille à Bagnères-de-Bigorre --
25 kil. ⎰ 551 kilom. -- **8** fr. **15**.

Ces trois exemples nous démontrent que si les tarifs homologués par l'État sont uniformes pour toutes les lignes ferrées, il n'en est pas moins vrai que les Compagnies de chemins de fer ne les appliquent pas d'une façon absolue, puisque le prix des transports varie, suivant les lignes, pour des expéditions d'un même poids, de même nature et d'un égal parcours.

Cette irrégularité provient uniquement de la différence des fractions de poids sur lesquelles les Compagnies prélèvent le prix de transport; l'importance pour le public et pour le commerce de les bien connaître, nous engage à publier ici un tableau général, comprenant la nomenclature exacte des fractions de poids en usage aujourd'hui sur nos six grandes lignes ferrées : l'Est, le Lyon-Méditerranée, le Midi, le Nord, l'Orléans et l'Ouest.

Nous ne saurions trop attirer l'attention de nos lecteurs sur l'importance de ce document.

EXPÉDITIONS EN GRANDE VITESSE

	APPLICATION DES TAXES									De 40 à 100 k. par fraction indivisible de 10 kilogrammes.
	K.	K.	K.	K.	K.	K.	K.	K.	K.	K.
Est..............	.....	0 à 3	3 à 5	5 à 10	......	10 à 20	......	20 à 30	.....	30 à 40
Lyon-Méditerranée.	0 à 2	.....	2 à 5	5 à 10	10 à 15	15 à 20	20 à 25	25 à 30	30 à 35	33 à 40
Midi..............	.....	.....	0 à 5	5 à 10	......	10 à 20	......	20 à 30	.....	30 à 40
Nord.............	.....	.....	0 à 5	5 à 10	......	10 à 20	......	20 à 30	.....	30 à 40
Orléans.......	.....	.....	0 à 5	5 à 10	......	10 à 20	......	20 à 30	.....	30 à 40
Ouest........	.....	.....	0 à 5	5 à 10	......	10 à 20	......	20 à 30	.....	30 à 40

En consultant ce tableau et en s'y con-formant scrupuleusement, les expéditeurs s'éviteront des frais onéreux et toujours en pure perte. Pour en bénéficier, il leur suf-fira de s'assurer à l'avance du poids de leurs colis et de ne leur faire jamais dé-passer, comme poids, les maxima ci-dessus marqués ; *cinquante, cent* ou *deux cents grammes* en plus suffisant pour aug-menter considérablement le prix du trans-port.

Exemples : De gare en gare, timbre et et enregistrement compris :

1° De Nice à Paris (1087 kilom.), grande vitesse, 2 kilog................................... Fr. **1 40**

2 » 100 grammes................... **3** »

2° De Paris à Brest (623 kilom.), grande vitesse, 5 kilog................................... Fr. **1 55**

5 » 100 grammes **3 40**

3° De Nice à Bayonne (926 kilom.), grande vitesse, 10 kilog................................ Fr. **4 95**

10 » 200 grammes **8 60**

4° De Paris à Bordeaux (578 kilom.), grande vitesse, 30 kilog................................ Fr. **8 95**

30 » 500 grammes **11 85**

Comme moyen correctif à ce qui précède, nous pensons qu'il y aurait lieu, par l'État, d'imposer aux Compagnies de nos chemins de fer français, une même et unique application de fractions de poids, et nous émettons l'avis qu'il y aurait intérêt pour tous à voir adopter l'échelle des poids en usage, aujourd'hui, sur la ligne de Lyon-Méditerranée comme étant la mieux comprise, la plus rationnelle et la plus libérale.

CHAPITRE V

VALEURS

Règlement sur le mode de
conditionnement des expéditions de valeurs

—

FINANCES

—

Envois à découvert.

Les Compagnies ne se chargent pas des
envois d'espèces d'or ou d'argent remises
à découvert ; elles n'effectueront le transport des finances que lorsqu'elles seront
renfermées dans des sacs, sacoches, groups,
boîtes, caisses ou barils.

Envois en sacs, sacoches ou groups.

Les sacs, sacoches ou groups seront entièrement cousus en dedans et parfaitement conditionnés, c'est-à-dire ni déchirés ni raccomodés.

L'issue de ces sacs, sacoches ou groups sera fermée au moyen d'une corde ou ficelle intacte (par conséquent sans épissure ni allonge), dont le nœud sera recouvert d'un cachet à la cire, et dont les bouts seront maintenus sur une fiche flottante par un cachet semblable. A défaut de cachets. les bouts de la corde ou ficelle pourront être, près du nœud, introduits dans un plomb.

Envois en boîtes, caisses ou barils.

Les boîtes, caisses ou barils seront cloués ou cerclés avec solidité, et ne devront présenter aucune trace d'issue refermée ni de fracture.

Les boîtes et caisses seront fortement liées au moyen d'une corde d'un seul morceau, avec cachets à la cire ou plombs en nombre nécessaire pour assurer l'inviolabilité des colis.

Une ficelle appliquée en croix aux deux extrémités de chaque baril y sera maintenue au moyen de cachets à la cire ou de plombs.

BILLETS DE BANQUE, TITRES DE RENTES, ACTIONS, OBLIGATIONS, COUPONS D'INTÉRÊTS OU DE DIVIDENDE, ETC.

Envois à découvert.

Les Compagnies n'acceptent pas les billets de banque, titres de rente, actions, obligations, coupons d'intérêts ou de dividende, etc., remis à découvert.

Envois à couvert.

Les billets de banque, titres de rente, actions, obligations, coupons d'intérêts ou de dividende, etc., devront être renfermés dans des sacs, boîtes ou caisses, ou composer des paquets revêtus d'enveloppes intactes, en papier ciré ou goudronné, ou en toile cirée.

Tout paquet sera clos au moyen des cachets à la cire, en nombre suffisant pour en assurer l'inviolabilité (trois au moins).

DENTELLES

Les envois de dentelles qui n'auront pas lieu dans des boites ou des caisses, ne seront reçus, s'il s'agit de transports pour l'étranger, que renfermés dans une enveloppe en toile, ou toile cirée ; on admettra le papier ciré ou goudronné, s'il s'agit de transports pour la France.

DISPOSITIONS GÉNÉRALES.

Note ou bulletin de remise. — Chaque expédition devra être accompagnée de deux notes ou bulletins de remise mentionnant, indépendamment des indications ordinaires, la valeur de l'article, portant un cachet à la cire ou un plomb conforme à celui apposé sur cet article.

Adresse. — Les adresses ne devront être ni cousues, ni collées, ni clouées, afin qu'elles ne puissent dissimuler aucune trace d'issue refermée ou de fracture. Elles pourront être soit inscrites sur les colis soit attachées à ces colis au moyen d'une ficelle.

Valeur déclarée. — La déclaration de la valeur de l'article sera mentionnée dans l'adresse.

Empreinte des cachets. — Les initiales, légendes, armoiries, raisons sociales ou noms d'établissements empreints sur les cachets à la cire ou sur les plombs apposés sur les sacs, sacoches, groups, boîtes, caisses, barils, paquets et notes de remise, devront être parfaitement lisibles et distincts. Les empreintes à grilles et celles de monnaie seront formellement exclues.

Comme valeurs, nous comprenons : — Billets de banque, titres de rentes, actions, obligations, coupons d'intérêts ou de dividende, finances, or et argent, soit en lingots, soit monnayés ou travaillés, plaqué d'or ou d'argent, mercure, platine, ainsi que les bijoux, pierres précieuses, dentelles et objets d'arts (statues, tableaux, bronzes d'art) et les espèces provenant d'expéditions faites contre remboursement.

Les prix à percevoir par les Compagnies pour le transport des valeurs est fixé *ad valorem*, et à raison de 0 fr. 00252 par fraction indivisible de 1,000 francs et par kilomètre. Cette taxe ne peut être, dans aucun cas, inférieure à la plus forte des deux taxes qui pourrait être appliquée soit d'après la valeur déclarée et en conformité du tarif ci-dessus, soit d'après le poids constaté et en conformité du tarif général des articles de messageries et marchandises à grande vitesse.

En cas de perte, les Compagnies ne sont pas tenues de rembourser au-delà de la somme déclarée.

La taxe de valeurs, 0 fr. 00252 par 1,000 francs indivisibles et par kilomètre, étant peu compréhensible à première vue, nous établissons, pour mieux faire comprendre les observations que nous avons à présenter, les prix de transport *de gare en gare, timbre et enregistrement compris*, que coûte une expédition d'une valeur ne dépassant pas 1,000 francs, d'un poids maximum de 2 kilog. et expédiée à une plus ou moins grande distance :

Valeur déclarée de 10 francs à 1000 francs.

Expédiée à	100 kilomètres.	Prix du port fr.	0 55
»	200 »	»	» 0 80
»	300 »	»	» 1 05
»	400 »	»	» 1 30
»	500 »	»	» 1 55
»	750 »	»	» 2 20
»	1,000 »	»	» 2 80
»	1,087 » Nice à Paris	»	» 3 05

L'application de ce tarif nous paraît susceptible d'améliorations en tant, surtout, qu'il s'agit d'envois n'ayant pas de valeur réelle, ou ne dépassant pas la valeur de certaines marchandises expédiées journellement aux tarifs généraux des expéditions grande vitesse.

En effet, si les règlements qui régissent la matière déclarent que les expéditions de valeurs seront taxées par fractions indivisibles de 1,000 francs, et qu'elles subiront une taxe spéciale plus élevée que celle appliquée aux marchandises ordinaires, ces règlements ont certainement compris, par *valeurs*, des valeurs réelles et non des valeurs fictives.

Nous pensons donc qu'il y a opportunité à examiner la question.

Est-il rationnel, en effet, que le public paye une taxe égale pour une valeur déclarée *vingt francs* et une autre valeur déclarée *mille francs*? Est-il juste que la taxe la plus élevée soit appliquée à un objet d'or ou d'argent représentant une très-minime valeur alors que mille autres expéditions d'un prix relativement élevé ne supportent que la taxe simple des marchandises ordinaires? Nous ne le pensons pas, et nous ne pouvons admettre que l'expéditeur d'une montre, d'un bijou, de coupons de rentes représentant une valeur de *vingt-cinq francs*, par exemple, ait à payer un prix plus élevé que l'expéditeur d'une robe de soie d'une valeur de *cent francs*.

Il en est ainsi cependant! Exemples :

De Paris à Nice 2 kilog.	Le port d'un objet de valeur déclaré vingt fr., de gare en gare, timbre et enregistrement compris, est de fr. **3 05**.
	Le port d'une robe de soie, ou de toute autre marchandise, vaudrait-elle cent francs, n'est que de . . . . . fr. **1 40**.

De
Nice
à
Mézières
2 kilog.

Port d'un objet déclaré *valeur*, le prix réel n'en serait-il que de 20 fr. **3 fr. 25.**
Port d'un article de fourrures, le prix en serait-il de cent francs . . . **1 fr. 65.**

Nous pourrions citer bien des exemples et arriver à dresser une longue liste des marchandises et objets divers admis à la série simple et représentant un prix au moins égal à celui de nombreuses expéditions classées dans la série des valeurs, mais nous pensons qu'il suffira, pour nous faire bien comprendre, de répéter ici que les chemins de fer taxent au même titre, c'est-à-dire au même tarif, tout objet dénommé *valeur*, quel qu'en soit le prix déclaré, 10, 20, 100 ou 1,000 francs.

La taxe des tarifs généraux afférente aux marchandises ordinaires nous paraissant rémunératrice pour les Compagnies de chemins de fer, nous pensons que cette taxe pourrait être appliquée à tous envois sans aucune distinction de nature, valeur ou non ; que, pour compenser, cependant, les soins plus minutieux que peuvent exiger

les expéditions de valeur, toute valeur déclarée, quelle qu'en soit la nature, paierait,
en plus du prix de transport des marchandises ordinaires, *un droit fixe de fr. 0 05 c.*
par fraction indivisible de *100 fr.*

Exemple : de gare en gare, timbre et
enregistrement compris :

De Nice à Paris — Valeurs — 2 kilog.

100 fr.	Port fr.	1 40	Droit	0 05	Total du port fr.	1 45
200 »	»	» 1 40	»	0 10	»	» 1 50
300 »	»	» 1 40	»	0 15	»	» 1 55
400 »	»	» 1 40	»	0 20	»	» 1 60
500 »	»	» 1 40	»	0 25	»	» 1 65
600 »	»	» 1 40	»	0 30	»	» 1 70
700 »	»	» 1 40	»	0 35	»	» 1 75
800 »	»	» 1 40	»	0 40	»	» 1 80
900 »	»	» 1 40	»	0 45	»	» 1 85
1,000 »	»	» 1 40	»	0 50	»	» 1 90

D'après la taxe en vigueur, ces mêmes
expéditions supportent aujourd'hui une
taxe uniforme de 3 fr. 05 cent.

La taxe dont nous proposons l'application n'abrogerait en rien le réglement ac-

tuel sur le mode de conditionnement des expéditions de finances, billets de banque, titres des rentes, actions, obligations, coupons d'intérêts ou de dividende, dentelles, en un mot de toutes les valeurs dont nous avons donné la nomenclature au commencement de ce chapitre.

CHAPITRE VII

Remboursements

—

Réglement

Les sommes qui suivent les expéditions à titre de remboursement, soit en grande, soit en petite vitesse, sont soumises, *au retour*, à la taxe portée au tarif général pour le transport des finances, soit fr. 0 00252 par fraction indivisible de 1,000 fr. et par kilomètre.

Application des taxes (Remboursement). — Dans un ouvrage aussi utile qu'intéressant : *Des litiges en matière de transports par les chemins de fer*, auteur M. Pommier, chef de bureau des réclamations au chemin de fer du Nord, nous lisons, page 95, au sujet des expéditions suivies d'un remboursement :

« Ce mode d'expédition était fort usité dans l'ancien roulage, et les Compagnies de chemin de fer, désireuses, sans doute, de ne restreindre en quoi que ce soit les facilités que les entrepreneurs de roulage et de messageries offraient au commerce, ne se sont pas préoccupées autrement des difficultés nouvelles qu'elles avaient à rencontrer et elles ont maintenu, dans leurs services, le transport des colis grevés d'un remboursement. Il ne nous appartient pas d'entrer dans la question de savoir si les profits et les avantages qu'en retirent les Compagnies peuvent être mis en balance avec les risques et inconvénients auxquels elles sont exposées. »

. . . .

Avant d'entrer dans l'examen des lignes qui précédent, nous pensons nécessaire de

bien spécifier le sens des mots : *Remboursement à faire suivre.*

On entend par : Remboursement à faire
suivre, toute somme due à l'expéditeur par
le destinataire, somme que ce dernier doit
payer aux mains des Compagnies de transport au moment même de la livraison de
la marchandise, et que ces dernières ont
mission de rembourser à l'expéditeur.

Ces sortes d'expéditions, jadis fort usi-
tées, ne le sont pas moins aujourd'hui. Le
commerçant, journellement appelé à expédier au dehors des commandes faites par
des clients inconnus ou douteux, expédie
sa marchandise, mais ne peut ou ne veut
la livrer que contre payement en espèces.
De là les remboursements à faire suivre.

Les Compagnies de chemins de fer acceptent ces opérations* et prélèvent, pour
frais de retour de l'argent qu'elles reçoivent du destinataire et qu'elles remettent
à l'expéditeur, la taxe portée au tarif général des valeurs.

Les Compagnies pouvaient-elles s'exo-
nérer de ce trafic? Nous le pensons d'au-

tant moins que le commerce en eût considérablement souffert et que les Compagnies, du même coup, se fussent privées d'un double bénéfice, celui du transport de la marchandise, celui de la taxe qu'elles prélèvent pour frais de retour d'argent.

Ces sortes d'opérations qui ont leur raison d'être, augmenteraient bien certainement dans de très-larges proportions, si les réglements qui les concernent pouvaient être modifiés. Les taxes actuelles nous paraissent impraticables ; nous allons essayer de le démontrer.

Il arrive fréquemment que le commerce expédie des marchandises d'un prix peu élevé, et, partant, ne fait suivre que des remboursements de très-peu de valeur, soit de dix, vingt, trente, cinquante francs. Voyons, par quelques exemples, ce que l'expéditeur ou même le destinataire, si ces frais sont à sa charge, paiera pour les seuls frais de retour d'argent, de gare en gare, compris fr. 0 10 d'enregistrement :

De Nice à Bordeaux fr. 2 30	Quel que soit le montant du remboursement par 1000 francs indivisibles.
De Nice à Paris 2 85	
De Nice à Strasbourg 2 80	
De Nice à Cherbourg 4 30	

Il tombe sous le sens que les expéditions de minime valeur ne peuvent supporter, en plus du prix réel du transport, des frais aussi considérables de retour d'argent qui enlèvent à l'expéditeur ou au destinataire tout ou partie du bénéfice auquel il aurait droit.

Les profits et les avantages actuels que retirent les Compagnies de ce trafic, compensent trop largement, selon nous, les risques et les inconvénients auxquels elles paraissent exposées. Les Compagnies ne sont responsables, en quoi que ce soit, du refus que feraient les destinataires de prendre livraison de la marchandise et, par suite, du refus de ces mêmes destinataires, de payer le remboursement. En admettant le refus de la marchandise, la gare destinataire n'a qu'à aviser la gare expéditrice et procéder, eu égard à l'objet de l'expédition et à la nature de la marchandise, comme si l'expédition était pure et simple, en prenant, immédiatement, les mesures d'urgence et de conservation prescrites en pareil cas. Ces expéditions n'offrent à nos yeux aucuns risques autres que ceux habituels aux expéditions ordinaires : les Compagnies de chemins de fer ne sauraient donc s'en prévaloir pour imposer la taxe des valeurs sur des remboursements qu'elles reçoivent pour compte des expéditeurs.

En effet, les Compagnies, en cette circonstance, font l'office de banquier, avec cette différence qu'elles n'escomptent pas et ne se mettent en aucune façon à découvert; elles ne remboursent aucune somme avant d'avoir reçu de la gare destinataire l'avis officiel de l'encaissement et ne payent qu'après recette faite. Pour cette simple opération de banque, le commerce subit une taxe d'autant plus disproportionnée que ses expéditions contre remboursement sont de peu de valeur, et d'autant moins rationnelle qu'elle n'est pas appliquée, comme on pourrait le croire, pour frais réels du retour de l'argent encaissé. Cette simple opération se fait par virements de comptes entre les diverses Compagnies, par *doit* et *avoir*, et ne présentent aucune diffi- culté, aucune chance de perte.

Si, comme a bien voulu le dire l'auteur que nous avons cité ; si, comme nous vou- lons bien le croire, les Compagnies de chemins de fer recherchent tous les moyens en leur pouvoir pour venir en aide au pu- blic, nous pensons que, bénéficiant déjà du port des expéditions faites contre rembour- sement, un droit fixe de fr. 0 50 cent. (fr. 0 25 cent. au départ. fr. 0 25 cent. à l'arrivée) par remboursement de 1,000 fr. suffirait pour rémunérer les Compagnies de leurs soins et peines.

CHAPITRE VII

Denrées

—

Règlement. — Les denrées transportées à grande vitesse sont taxées aux prix et conditions fixées pour les articles de messageries et marchandises à grande vitesse.

Toutefois, il existe, pour la plupart des denrées, des tarifs spéciaux et réduits pour toutes expéditions au-dessus de 50 kilogrammes, ou payant pour ce poids, s'il y a avantage pour l'expéditeur.

Délais. — Les délais pour les transports des denrées en grande vitesse sont fixés par l'arrêté ministériel du 12 juin 1866. Ils sont en tout semblables aux délais appliqués aux marchandises ordinaires. (Voir le chapitre III.)

Il n'est fait d'exception qu'en faveur des denrées destinées à l'approvisionnement des marchés de la ville de Paris Ces marchandises sont mises à la disposition des destinataires, de *nuit* comme de jour, deux heures après l'arrivée des trains.

Taxe des denrées. — Sous la dénomination de denrées, nous comprenons :

Beurre, champignons, charcuterie, citrons, conserves alimentaires, coquillages frais, escargots, fromages, fruits, gibier, huîtres, légumes, œufs, oranges, pain, poissons, viande, volailles mortes ou vivantes.

Les taxes, nous le regrettons, ne sont pas uniformes sur toutes les lignes ; telles qu'elles sont appliquées, elles offrent aux expéditeurs de sérieux embarras et ne sont pas faites pour donner à tous l'égalité que nous demandons.

Nous essaierons de le démontrer en reproduisant les tarifs appliqués par nos six grandes lignes de fer, et en analysant les tarifs spéciaux que la commerce peut revendiquer et dont il ne profite certainement pas toujours, faute de connaissances spéciales.

« Art. 1ᵉʳ.— Les expéditions de denrées d'un poids de 50 kilogr. au minimum ou payant pour ce poids, s'il y a avantage pour l'expéditeur, sont taxées à raison de fr. 0 28 cent. par tonne et par kilomètre, applicables de 10 en 10 kilogr., sur les lignes de l'*Est*, de *Lyon-Méditerranée*, d'*Orléans* et de l'*Ouest*. Sur le chemin du *Midi*, cette taxe n'est applicable que sur certaines portions de son réseau.

Sur la ligne du *Nord*, toute expédition de denrées au-dessous de 500 kilogrammes ne profite pas des tarifs réduits, et est soumise à la taxe des messageries et marchandises à grande vitesse (chap. IV).

« Art. 2. — Les expéditions de denrées

d'un poids inférieur à 50 kilogrammes
sont taxées d'après le tarif général des articles de messageries et marchandises à
grande vitesse (chap. IV), à moins qu'il
n'y ait avantage pour l'expéditeur à payer
pour 50 kilog. d'après le prix du tarif des
denrées.

« Art. 3.— En dehors de la taxe ordinaire
et de celle provenant des tarifs réduits, il
existe, sur toutes les lignes, des tarifs spéciaux applicables à chaque ligne, et des
tarifs communs entre les diverses Compagnies.»

Les moyens à employer pour bénéficier
des prix de transport les plus réduits et des
avantages que peut procurer tel ou tel
mode d'expédition, nous paraissent pro-
blématiques, et nous avons la conviction
que peu, bien peu d'expéditeurs savent,
en connaissance de cause, réclamer les
tarifs les plus réduits et les plus avanta-
geux.— Cependant, faute par eux, de bien
préciser, sur les déclarations, les tarifs et
les numéros de ces tarifs dont ils entendent

profiter, les expéditeurs se trouvent déchus de leurs droits à ces tarifs, et payent, alors, une taxe plus élevée.

Nous donnons, ci-après, des exemples d'expéditions de denrées. Nos lecteurs jugeront de la difficulté réelle qu'éprouvent le public et le commerce pour obtenir l'application des tarifs les plus réduits :

Expéditions de denrées d'un poids minimum de 50 kilogrammes

Pour bénéficier du tarif spécial des denrées et pour profiter des plus bas prix possibles des transports, il convient de ne pas faire d'envois de denrées au-dessous de 50 kilogrammes.

Au-dessous de ce poids, et suivant les distances, les taxes sont faites soit au tarif général (chapitre IV), soit au poids fictif de 50 kilogrammes.

Comme démonstration, citons l'exemple suivant :

De Nice à Paris, le prix de transport des denrées est absolument le même pour toute expédition d'un poids de 26 kilog. à 50 kilogrammes.

L'expéditeur qui fait des envois partiels au-dessous de 50 kilog. supporte donc des frais de transport relativement beaucoup plus considérables que l'expéditeur qui ne fait ses envois que par 50 kil. au minimum.

Les tarifs des denrées sont essentiellement variables, et présentent des différences de prix qu'il importe de connaître.

Ci-après, nous donnons le relevé de nos calculs, demontrant les distances à partir desquelles le commerce, dans son intérèt, ne doit pas craindre d'exiger l'application de la taxe de 50 kilogrammes, *quand bien même le poids des expéditions de denrées n'atteindrait pas ce poids de 50 kilogr.*

Sur la ligne de Lyon-Méditerranée.

Au-dessus de 40 kilog., quel que soit le parcours, l'expéditeur doit demander la taxe des denrées et payer pour 50 kil.

Au-dessus de 35 kilog., à partir de 22 kilomètres et plus.

Au-dessus de 30 kilog., à partir de 28 kilomètres et plus.

Au-dessus de 25 kil., à partir de 85 kil.

<table>
<tr><td>Sur les
lignes
suivantes :
Ouest
Est
Orléans</td><td>Au-dessus de 40 kilog. sur tout le parcours.

Au-dessus de 30 kilogrammes à partir de 22 kilomètres.

Au-dessus de 20 kilog. à partir de 85 kilomètres.</td></tr>
<tr><td>Sur la
ligne
du
Midi</td><td>Mêmes calculs que sur les trois lignes ci-dessus, mais applicables seulement sur certaines sections du réseau.</td></tr>
<tr><td>Sur la
ligne
du
Nord</td><td>La taxe minimum des denrées est de 500 kilog. ou payant pour ce poids.

A partir de 400 kilog., et sur tout le parcours de la ligne, l'expéditeur doit réclamer la taxe des denrées, tarifs spéciaux 6 ou 7, et payer pour le poids fictif de 500 kilog. Au-dessous de 400k , suivant les distances.</td></tr>
</table>

Denrées. — (Expéditions par tarifs spéciaux et par tarifs communs). — En dehors des tarifs de denrées dont nous venons de parler, il existe sur toutes les lignes des tarifs spéciaux applicables à de certaines denrées dénommées. Les prix d'application varient suivant les lignes, suivant les poids des expéditions, suivant les parcours.

Il existe également des tarifs communs entre les Compagnies ; ces tarifs offrent au commerce de grands avantages dont il devrait profiter, mais dont il ne profite certainement pas, faute de connaissances utiles, car les prix des tarifs spéciaux et des tarifs communs ne sont appliqués qu'autant que l'expéditeur en fait la demande expresse sur sa déclaration. A défaut de cette formalité, les expéditions sont taxées, de droit, aux prix et conditions des tarifs généraux de chaque Compagnie.

Deux exemples suffiront pour démontrer les différences de prix de transport de mêmes expéditions faites sous l'application de tarifs différents.

Lorient à Nice

100 kilogrammes poissons frais, de gare en gare, timbre et enregistrement compris.

Si l'expéditeur ne demande pas par écrit l'application des tarifs les plus réduits auxquels il a droit, *s'il ne spécifie pas les numéros de ces tarifs*, il paiera la taxe suivante:

De Lorient à Saincaize, tarifs denrées.... Fr. 17 70
De Saincaize à Nice   id. 23 10

            Total du port de Lorient à Nice.. Fr. **40 80**

Si l'expéditeur a connaissance du tarif spécial *B.* n° 2, applicable sur la ligne d'Orléans, de *Savenay à Saincaize*, il demandera ce tarif, et son envoi recevra les taxes suivantes :

De Lorient à Savenay (tarifs-denrées)..... Fr. **4 65**
De Savenay à Saincaize (tarif spécial *B.* n° 2).   **9 55**
De Saincaize à Nice (tarifs-denrées) **23 10**

            Total du port de Lorient à Nice.. Fr. **37 30**

Si l'expéditeur est habile, s'il a fait des études spéciales, il exigera : 1° l'application du Tarif E., 29, commun entre les compagnies d'*Orléans*, et de *Paris-Lyon-Méditerrannée*, etc.; 2° l'application du Tarif spécial B. n° 1, de *Marseille à Nice*.

En opérant ainsi, les frais du port de son expédition monteront à :

De Lorient à Marseille, tarif commun E, 29. fr. 26 10
De Marseille à Nice, tarif spécial B, 1..   » 6 40

            Total du port de Lorient à Nice fr. **32 50**

Voyons maintenant les différents prix de transport que coûterait une expédition de 500 kilog. fruits et légumes frais, destinés à l'exportation et expédiés de Bordeaux à Dieppe.

L'expéditeur ordinaire, réclamerait-il les tarifs spéciaux des denrées, payerait encore la taxe suivante :

Bordeaux à Dieppe

500 kilog. fruits et légumes frais	De Bordeaux à Paris...... Fr.	82	»
	Paris (transit)	5	»
	De Paris à Dieppe.......	28	90
	Total du port........ Fr.	**115**	**90**

L'expéditeur habile, en réclamant le tarif spécial E, n° 104, commun d'exportation entre les Compagnies d'Orléans et de l'Ouest, paierait pour la même envoi :

De Bordeaux à Dieppe............. Fr. 87 80

Il est incontestable, par les exemples que nous venons de donner, exemples que nous pourrions continuer à l'infini, que des expéditions d'un même poids, d'un égal parcours, subissent des taxes différentes, et que ces taxes de transports sont relativement disproportionnées, suivant le plus ou le moins de connaissance pratique de l'expéditeur.

Pour venir en aide au commerce et pour obvier, autant que possible, au fâcheux état de choses actuels, nous pensons que les expéditeurs peuvent, en tout état de cause, demander sur leurs déclarations l'*application des tarifs les plus réduits*, et nous pensons, jusqu'à preuve du contraire, que les administrations de chemins de fer, **sur** cette simple demande de : Tarifs les plus réduits, sont tenus de renseigner l'expéditeur et d'appliquer, au besoin, la taxe la plus réduite, soit qu'elle provienne de l'application des tarifs généraux, des tarifs spéciaux ou des tarifs communs.

Après ce conseil au public, au commerce, nous nous adressons aux Compagnies de chemins de fer et nous leur demandons, s'il ne leur paraîtrait pas juste et utile de joindre à leurs bureaux d'expé-

ditions, *un bureau spécial de renseignements*. Un employé intelligent — et il n'en
manque pas dans l'administration, — suffirait, nous n'en doutons pas, pour contenter
le public en témoignant des intentions équi-
tables des Compagnies, et pour com-
battre les récriminations qui se produisent
contre le monopole inévitable des Compagnies de chemins de fer.

Ne pourrait-on confier ce bureau de renseignements aux commissaires administra-
tifs? Au besoin, ne pourrait-on leur adjoindre un employé spécial qui, par ses bons
offices, rendrait incontestablement de très
grands services au public et au commerce?

Nous n'y voyons pas d'obstacle sérieux.
surtout si nous envisageons le bien réel,
efficace, immédiat que produirait la bonne
organisation du service spécial que nous
réclamons.

DEUXIÈME PARTIE

—

PETITE VITESSE

—

CHAPITRE Ier

Dans la première partie de notre étude
sur les transports en grande vitesse, nous
avons démontré les difficultés qu'éprouvent le public et le commerce à pouvoir
profiter régulièrement des taxes les plus
réduites ; nous avons indiqué, par des
exemples, les différents modes d'expéditions ayant cours aujourd'hui, et nous
avons essayé, en signalant le mal, d'y remé-
dier par nos avis, pas nos conseils et par
les démonstrations dont nous avons fait
suivre chacun de nos chapitres.

Il nous reste à étudier la partie relative

aux transports en petite vitesse, et à analyser tout particulièrement les causes premières des embarras réels que suscitent, à tous, les complications de nos tarifs en petite vitesse.

Ces complications, source première de bien des procès, proviennent des délais d'expédition, des applications de taxes et des conditions d'application de tarifs.

Nous étudierons chacune de ces trois questions, et, par des exemples, des démonstrations, des avis que nous nous efforcerons de rendre clairs et précis, nous arriverons, nous en avons l'espoir, à amoindrir les difficultés que rencontre l'expéditeur, pour bénéficier des tarifs les plus réduits auxquels il a bien droit.

CHAPITRE II

Délais d'expéditions.

—

Les délais d'expédition et de livraison, de gare en gare, des marchandises expédiées à petite vitesse, sont réglés par arrêté ministériel du 12 juin 1866, dont extrait :

Art. 6. — Les animaux, denrées, marchandises et objets quelconques, à petite vitesse, seront expédiés dans le jour qui suivra celui de la remise.

Art. 7. — La durée du trajet, pour les transports à petite vitesse, sera calculée à raison de vingt-quatre heures par fraction indivisible de 125 kilom.

Ne seront pas comptés les excédants de distance jusques et y compris 25 kilomètres. Ainsi 150 kilom compteront comme 125 ; 275 kilom. comme 250, etc.

Art. 8. — Sur les lignes ou sections de réseau désignées à la suite du présent paragraphe, et dans les deux sens, tant pour les parcours partiels que pour le parcours total, la durée du trajet sera réduite à vingt-quatre heures par fraction indivisible de 200 kilom. pour les animaux, ainsi que pour les marchandises taxées aux prix de la 1re et de la 2e série des tarifs généraux de chaque Compagnie, et, en général, pour toutes les marchandises, denrées et objets quelconques qui, rangés dans les séries inférieures, seraient taxés au prix de la 2e série sur la demande des expéditeurs.

RÉSEAU DU NORD.

Ligne de Paris à Boulogne,
- Paris à Calais,
- Paris à Dunkerque,
- Paris à Lille et Mouscron,
- Paris à Lille et Baisieux,
- Paris à Valenciennes et Quiévrain,
- Paris à Erquelines.

RÉSEAU DE L'EST.

Ligne de Paris à Strasbourg et Kehl,
- Paris à Mulhouse et Bâle,
- Paris à Forbach,
- Paris à la frontière luxembourgeoise,
- Paris à Givet.

RÉSEAU DE L'OUEST.

Ligne de Paris au Havre,
  —   Paris à Cherbourg
  —   Paris à Brest.

RÉSEAU D'ORLÉANS.

Ligne de Paris à Bordeaux (Bastide, Saint-Jean ou
  transit),
  —   Paris à Agen,
  —   Paris à la Rochelle et à Rochefort,
  —   Paris à Sainçaize,
  —   Paris à Nantes et Saint-Nazaire.

RÉSEAU DE PARIS A LYON ET A LA MÉDITERRANÉE.

Ligne de Paris à Marseille,
  —   Paris à Cette et la Peyrade,
  —   Paris à Lyon (par Nevers et Roanne),
  —   Paris à Belfort,
  —   Paris à Culoz et Genève.

RÉSEAU DU MIDI.

Ligne de Bordeaux (Bastide ou Saint-Jean) à Irun,
  —   Bordeaux (Bastide ou Saint-Jean) à Cette
  et la Peyrade.

Les animaux et les marchandises taxés comme il
est dit ci-dessus, passant *directement* sur un même
réseau, d'une des lignes précitées sur une autre de ces
mêmes lignes, seront également transportés dans le

délai de vingt-quatre heures par fraction indivisible de 200 kilom., comme si le transport avait lieu sur une seule et même ligne.

Pour les animaux et les marchandises qui emprunteraient successivement des lignes sur lesquelles ils auraient droit à l'accélération de vitesse et d'autres sur lesquelle ils n'y auraient pas droit, le délai total du transport sera calculé en additionnant les délais partiels afférents à chacune des lignes du régime différent, sans que, toutefois, ce délai total puisse dépasser le délai fixé par l'article 7.

Art. 9. — Pour les animaux, denrées, marchandises et objets quelconques passant d'un réseau sur un autre, sans solution de continuité, le délai d'expédition fixé à l'article 6 ne sera compté qu'à la gare originaire et une seule fois ; mais il est accordé aux Compagnies un jour de délai pour la transmission d'un réseau à l'autre, la durée du trajet, pour chaque Compagnie, restant fixée comme il est dit aux articles 7 et 8.

Toutefois, à Paris, pour la transmission d'une gare à l'autre par le chemin de fer de Ceinture, le délai sera de deux jours, mais il comprendra la durée du trajet sur ledit chemin.

Le délai de transmission entre les réseaux qui, aboutissant dans une même localité, n'auraient pas de gare commune, sera porté à trois jours, le surplus des conditions énoncées au paragraphe 1er du présent article restant applicable dans ce dernier cas.

Art. 10. — Les expéditions seront mises à la disposition des destinataires dans le jour qui suivra celui de leur arrivée effective en gare.

Art. 11. — Le délai total résultant des articles 6, 7, 8, 9 et 10 sera seul obligatoire pour les Compagnies.

Art. 12. — La fixation des délais ci-dessus déterminés, pour les transports à petite vitesse effectués aux prix et conditions des tarifs généraux, ne fait point obstacle à la fixation de délais plus longs dans les tarifs spéciaux ou communs où ils ont été ou seraient ultérieurement introduits, avec l'approbation de l'Administration supérieure, comme compensation d'une réduction de prix.

Art. 13. — Du 1er avril au 30 septembre, les gares seront ouvertes, pour la réception ou la livraison des marchandises à petite vitesse à six heures du matin, au plus tard, et fermées, au plus tôt, à six heures du soir.

Du 1er octobre au 31 mars, elles seront ouvertes à sept heures du matin, au plus tard, et fermées au plus tôt à cinq heures du soir.

Par exception, le dimanches et jours fériés, les gares des marchandises à petite vitesse seront fermées à midi, et les livraisons restant à faire avant la fin de la journée seront remises à la première moitié du jour suivant.

Dans ce dernier cas, le délai fixé pour la perce |

tion du droit de magasinage, soit par les tarifs généraux, soit par les tarifs spéciaux ou communs homologués par l'Administration supérieure, sera augmenté de tout le temps compris entre l'heure de midi et l'heure réglée au paragraphe 1 et 2 du présent article pour la fermeture de gare.

Art. 14. — *Aux délais fixés ci-dessus seront ajoutés les délais nécessaires pour l'accomplissement des formalités de douane.*

Comme complément aux dispositions qui précédent, nous donnons, ci-après, le tableau des délais calculés d'après les articles 7 et 8 de l'arrêté ministériel.

Ce tableau ne présente directement le calcul des délais que pour les transports effectués, à petite vitesse, sur un seul et même réseau ; il peut, toutefois, servir pour calculer les délais afférents aux transports qui empruntent plusieurs lignes concédées à des Compagnies différentes et reliées entre elle sans solution de continuité. Les opérations à faire dans ce cas consistent :

1° A compter séparément, pour chaque ligne distincte, les délais de la troisième colonne (durée du trajet);

2° A ajouter au total ainsi obtenu *un jour* pour l'expédition à la gare originaire de départ;

3° A augmenter ce dernier total d'autant de fois *un jour* qu'il y a de point de jonction reliant des lignes distinctes.

Le total général obtenu au moyen de ces trois opérations (non compris le jour de la remise et celui de la livraison) est le résultat cherché.

Les délais nécessaires pour l'accomplissement des formalités de douane, ne sont pas compris dans le présent barème.

DISTANCES EN KILOMÈTRES		DÉLAI d'expédition en jours	DURÉE du trajet en jours	DÉLAI TOTAL — DE GARE EN GARE	
Délais calculés d'après l'article 7					
	De 1 à 150 kilom. inclus.....	1	1	2 jours	
	— 151 à 275 —	1	2	3 —	
	— 276 à 400 —	1	3	4 —	
	— 401 à 525 —	1	4	5 —	
125 kilomètres	— 526 à 650 —	1	5	6 —	
	— 651 à 775 —	1	6	7 —	
par	— 776 à 900 —	1	7	8 —	Non
	— 901 à 1.025 —	1	8	9 —	compris
24 heures	— 1.026 à 1.150 —	1	9	10 —	le jour
	— 1.151 à 1.275 —	1	10	11 —	du
	— 1.276 à 1.400 —	1	11	12 —	départ
	— 1.401 à 1.525 —	1	12	13 —	et
	— 1.526 à 1.650 —	1	13	14 —	le jour
Délais calculés d'après l'article 8					d'arri-
	De 1 à 200 kilom. inclus.....	1	1	2 jours	vée
	— 201 à 400 —	1	2	3 —	
200 kilomètres	— 401 à 600 —	1	3	4 —	
	— 601 à 800 —	1	4	5 —	
par	— 801 à 1.000 —	1	5	6 —	
	— 1.001 à 1.200 —	1	6	7 —	
24 heures	— 1.201 à 1.400 —	1	7	8 —	
	— 1.401 à 1.600 —	1	8	9 —	
	— 1.601 à 1.800 —	1	9	10 —	

Exemples d'application des délais de transport, de gare en gare.

1° Expédition sur un même réseau et sur un des parcours mentionnés à l'art. 8 :

De Marseille à Paris : 862 kilomètres.

Jour de la remise	1	
Délai d'expédition	1	Total
Délai de transport	5	8 jours
Jour d'arrivée	1	

2° Sur un même réseau, et sur des parcours mentionnés aux articles 7 et 8 :

De Nice à Paris : 1086 kilomètres.

	Jour de la remise	1	
	Délai d'expédition	1	
Délai de	De Nice à Marseille	2	Total
transport	De Marseille à Paris	5	10 jours
	Jour d'arrivée	1	

3° Expédition empruntant deux réseaux, soumise dans tout son parcours à l'application de l'article 8 :

5

De Lyon à Orléans : 439 kilomètres.

Jour de la remise	1	
Délai d'expédition	1	Total
Délai de transport (direct)	3	6 jours
Jour d'arrivée	1	

4° Expédition passant d'un réseau sur un autre sans solution de continuité, c'est à dire soumise à l'application de l'article 9 :

De Nice à Strasbourg : 1063 kilomètres.

Jour de la remise	1	
Délai d'expédition	1	
Délai de transport { De Nice à Marseille	2	
Marseille à Belfort (direct)	4	
Délai de transmission	1	Total
De Belfort à Strasbourg	2	12 jours
Jour d'arrivée	1	

Pour se rendre compte des délais d'expédition, il est indispensable que l'expéditeur ait recours à la carte des chemins de fer, qu'il connaisse exactement les distances, non-seulement du point de départ au point d'arrivée, mais encore les distances partielles sur lesquelles a lieu l'application des articles 7, 8 et 9 de l'arrêté ministériel du 12 juin 1866.

Ces conditions de savoir nous paraissant impraticables pour la presque généralité des expéditeurs, nous pensons qu'il y serait remédié si les Compagnies de Chemins de fer voulaient bien, d'office, remplir les charges qui leur incombent par l'article 47, ainsi conçu :

Art 47. — *Lettre de voiture et récépissé.* — Toute expédition de marchandises sera constatée, si l'expéditeur le demande, par une lettre de voiture, dont un exemplaire restera aux mains de la Compagnie et l'autre aux mains de l'expéditeur. Dans le cas où l'expéditeur ne demanderait pas de lettre de voiture, la Compagnie sera tenue de lui délivrer un récépissé qui énoncera la nature, le poids et la désignation des colis, les noms et l'adresse du destinataire, le prix du transport et *le délai dans lequel ce transport devra être effectué.*

En mentionnant sur les lettres de voiture et sur les récépissés, les délais nécessaires aux transports, le commerce, mieux renseigné, agirait en connaissance de cause, et nous verrions alors disparaître grand nombre de ces prétentions souvent mal fondées, de ces procès souvent sans raison, qui, toujours tranchés par les tribunaux consulaires, renaissent pour s'éteindre et et reparaître encore.

Dans l'intérêt de tous, dans l'intérêt même des Compagnies des Chemins de fer, nous concluons à ce qu'aucune lettre de voiture, aucun récépissé ne soit délivré sans la mention des délais de transport, et sans que cette même mention ne soit reproduite sur les récépissés à remettre aux destinataires.

Aux expéditeurs, nous conseillons de se bien pénétrer des dispositions de l'article 47 et d'en bénéficier dans tout son contenu.

CHAPITRE III

Marchandises en général

Nous divisons en trois classes les marchandises en général, à expédier par la petite vitesse.

La première, comprenant les expéditions au-dessous de 40 kilogrammes.

La deuxième, les expéditions au-dessus de 40 kilogrammes, comprises dans les tarifs généraux.

La troisième, les expéditions au-dessus de 40 kilogrammes, ayant droit à l'application des tarifs spéciaux, communs et internationaux.

Chacune de ces trois classes d'expédition est soumise à des conditions spéciales et à des taxes différentes qu'il importe de connaître. Nous avons la pensée que, bien comprise, l'étude que nous désirons en faire pourra produire de très-profitables résultats au public et au commerce.

CHAPITRE IV

Les paquets ou colis pesant isolément de 0 à 40 kilogrammes inclusivement, sont taxés, quelle que soit la série à laquelle ils appartiennent, à raison de 0 fr. 25 par tonne et par kilomètre, sans que cette taxe puisse être, en aucun cas, supérieure à celle d'une expédition de même nature pesant plus de 40 kilogrammes.

La perception s'effectue par fraction indivisible de 10 kilogrammes.

Sont exempts de tous droits de chargement, de déchargement et de gare, les expéditions de 0 à 40 kilogrammes inclusivement.

La taxe de 0 fr. 25 par tonne et par kilomètre est relativement beaucoup plus élevée que celle même de la première série des tarifs généraux, applicable aux envois dépassant 40 kilogrammes; il importe donc, pour ne pas avoir à payer des frais de transport onéreux, et, pour bien dire, en pure perte, de ne jamais dépasser les poids des fractions sur lesquels s'opère la taxe, soit 10, soit 20, soit 30, soit 40 kilog., quelques cents grammes ajoutés à ces poids augmentant les prix du port dans des proportions considérables.

Exemple : de gare en gare, timbre et enregistrement compris :

De Nice à Bordeaux	10 kilog.	Fr.	2 45
874 kilomètres	11 »		4 70
De Nice à Paris	10 »		3 »
1086 kilomètres	11 »		5 75
De Paris à Vesoul	20 »		2 20
380 kilomètres	23 »		3 15

Nous avons dit que, dans aucun cas,

la taxe de 0 fr. 25 par tonne et par kilomètre ne peut être supérieure à celle d'une expédition de même nature payant un poids réel ou fictif de 50 kilogrammes, c'est-à-dire payant la taxe des tarifs généraux spéciaux ou communs.

L'expéditeur a droit à celle des deux taxes qui lui offre le plus d'avantage.

Supposons 21 kilogrammes, tissus, à expédier de *Nice* à *Paris*, de gare en gare, timbre et enregistrement compris.

21 kilog. payant pour *30 kilogammes* au tarif de 0 fr. 25 par tonne et par kilomètre, coûtent de port . . . . Fr. 8 45

21 kilog. payant pour *50 kilog.* à la première série des tarifs généraux coûtent . . . . Fr. 6 55

Il y a donc avantage, quoique cette expédition ne soit que d'un poids réel de 21 kilogrammes, à payer la taxe des tarifs généraux au poids fictif de 50 kilogrammes.

Il résulte de ces détails que toute expédition, en petite vitesse, d'un poids ne dépassant pas 20 kilogrammes, supporte la taxe de 0 fr. 25 c. par tonne et par kilomètre ; que tout envoi d'un poids de 20 à 50 kilogrammes est taxé, à très-peu d'exceptions près, pour 50 kilogrammes et supporte des frais proportionnels d'autant plus élevés que le poids est moindre.

Les expéditions au-dessous de 50 kilogrammes doivent donc, le plus possible, se rapprocher, comme poids, des fractions suivantes :

10 kilog. — 20 kilog. — 50 kilog.

CHAPITRE V

**Expéditions au-dessus de 40 kilogrammes.
Tarifs Généraux**

—

Les tarifs généraux de la petite vitesse
sont appliqués à tous paquets ou colis,
quoique emballés à part, s'ils font partie
d'envois pesant ensemble plus de 40 kilogrammes d'objets expédiés par un même
expéditeur à un même destinataire.

Tout paquet ou colis pesant plus de 40
kilogrammes et contenant des marchandises de séries différentes est taxé d'après
le prix de la série la plus élevée, à moins
que l'expéditeur ne justifie de la nature et

du poids des objets transportés, auquel cas les marchandises sont taxées séparément, suivant la série à laquelle elles appartiennent. La perception des taxes est effectuée par fraction indivisible de 10 kilogrammes, — 51 kilogrammes payant pour 60 ; — 101 kilogrammes pour 110.

Les marchandises en général sont classées par séries, et supportent des taxes dont les prix varient suivant la nature de la marchandise, et suivant les réseaux parcourus.

Cette inégalité de taxe provient de la classification toute particulière adoptée par chacune de nos six grandes lignes de fer et, par suite, des taxes différentielles appliquées par chacune d'elles, en raison même du nombre des séries afférentes à chaque ligne.

La compagnie de *Paris-Lyon-Méditerranée* classe les marchandises en sept séries, dont une spéciale, et applique, par conséquent, sept taxes différentes.

Le *Midi* opère sur un même nombre de séries, avec cette différence que les trois

premières séries se subdivisent chacune en
trois séries nouvelles, ce qui représente
réellement treize taxes différentes de transport.

Le *Nord* et l'*Ouest* ne reconnaissent que
six séries ; l'*Est* cinq, et l'*Orléans* quatre
seulement.

De ce manque d'uniformité, il résulte
qu'une même marchandise expédiée sous
le régime des tarifs généraux, pourra subir
des prix de transport plus ou moins élevés,
suivant qu'elle sera expédiée par telle ou
telle ligne.

L'application des taxes du tarif général
des marchandises en petite vitesse, soit
que les marchandises appartiennent à
l'une ou à l'autre des séries en usage sur
chaque ligne, n'offrirait aucune difficulté,
si la presque généralité des tarifs généraux
ne se trouvait pas annulée par des tarifs
spéciaux ou communs.

Nous voudrions pouvoir insérer ici le
classement général des marchandises, et
les prix de chacune des séries en usage
sur nos lignes de chemins de fer ; nous

voudrions pouvoir, en regard de ce tableau, reproduire les prix réduits des nombreux tarifs spéciaux et communs; mais ce travail, qui exigerait des volumes, ne peut malheureusement pas trouver place dans notre étude.

Nous le remplaçons par un sage conseil, bien simple dans son application, n'offrant aucune difficulté et dont le public et le commerce pourront sans crainte profiter.

Dans le doute de savoir si les marchandises à expédier peuvent recevoir l'application des tarifs réduits, c'est-à-dire être taxées à des prix inférieurs aux prix des tarifs généraux; dans l'impossibilité d'être suffisamment renseigné sur les différentes taxes de transport et sur les conditions particulières à tel ou tel mode d'expédition, l'expéditeur pourra, en tout état de cause, demander l'application des tarifs les plus réduits; pour les obtenir, alors qu'il y aura droit, il lui suffira de mentionner par écrit sur sa déclaration : *à expédier par tarif spécial ou commun le plus réduit.* Cette simple demande, qui ne peut causer de préjudice réel à l'expéditeur, lui procurera souvent de très-notables réductions dans ses frais de transport.

Dans le chapitre que nous consacrerons aux tarifs spéciaux, nous analyserons les conditions d'application de ces tarifs, et nous essaierons de démontrer pourquoi, selon nous, ces conditions ne sauraient inquiéter l'expéditeur.

Nous avons dit que tout paquet ou colis pesant plus de 40 kilogrammes, et contenant des marchandises de séries différentes, est taxé d'après le prix de la série la plus élevée, à moins que l'expéditeur ne justifie de la nature et du poids des objets transportés ; dans ce cas, les marchandises sont taxées séparément, suivant la série à laquelle elles appartiennent. Ces conditions sont applicables à toute expédition comprenant des marchandises de nature différentes, quel que soit le poids partiel de ces marchandises ; mais il importe que les colis de même nature soient pesés à part et figurent à part sur la déclaration ; la taxe alors sera faite et appliquée séparément, suivant les séries diverses composant l'expédition.

Les conditions d'application des **tarifs** généraux sont uniformes sur toutes les lignes françaises ; il n'est fait d'exceptions que pour un très petit nombre de marchandises dont nous allons parler.

PLAQUÉ D'OR OU D'ARGENT, MERCURE, DENTELLES, OBJETS D'ART

(statues, tableaux, bronzes d'art)

Le plaqué dor ou d'argent, le mercure, les dentelles et les objets d'art (statues, tableaux, bronzes d'art), sont taxés *moitié en sus* du prix fixé par le tarif général pour les marchandises de la première série.

Cette taxe de : *moitié en sus* du prix de la première série ne devrait être appliquée, suivant nous, qu'autant que les marchandises à expédier représentent une valeur réelle, un objet d'art bien déterminé.

Il n'en est pas ainsi et la taxe à la série
et demie, c'est à dire payant moitié en sus
du port ordinaire, est appliquée à toute
marchandise déclarée plaqué d'or ou d'argent, mercure, dentelles, objets d'arts, statues, tableaux, bronzes, quelle qu'en soit
la valeur.

Nous regrettons ce principe de la taxe
et demie, alors surtout qu'elle s'applique
à des marchandises non définies.

En effet, où commence le vrai dans la
dénomination d'objets d'art ? pourquoi les
bronzes et le plaqué d'or et d'argent
paient-ils la taxe et demie, alors que
grand nombre de ces mêmes marchandises
expédiées sous une autre dénomination :
pendules, garnitures de cheminée, articles
de Paris, etc, etc, ne sont soumises qu'à la
taxe simple ?

Ces questions sont discutables et méri-
tent bien l'examen de qui de droit!

Il nous paraît pratique pour le plaqué
d'or et d'argent, pour les dentelles, pour
les tableaux, statues, bronzes d'art et même
pour toutes les marchandises en général,
sans aucune distinction, que la taxe simple

de la première série soit appliquée à toute expédition dont la valeur ne dépasserait pas 100 francs le kilogramme. Au-dessus de ce prix, l'expéditeur serait tenu de déclarer la valeur de la marchandise et paierait, soit une prime d'assurance comme cela se pratique sur un très-grand nombre de lignes étrangères, soit, au besoin, et faute de meilleure combinaison, moitié en plus de la taxe ordinaire.

Le droit de chacun serait alors établi et bon nombre de difficultés, de discussions, de procès, disparaîtraient au profit des chemins de fer, du public et du commerce.

MASSES INDIVISIBLES ET OBJETS DE DIMENSIONS EXCEPTIONELLES

Les prix du tarif sont augmentés *de moitié*, pour les masses indivisibles pesant plus de 3,000 à 5,000 kilogrammes, et portés *au double* pour les masses indivisibles pesant plus de 5,000 kilogrammes, mais ne dépassant pas 10,000 kilogrammes, sans, toutefois, que, dans ce dernier cas, le prix puisse être inférieur à 0 fr. 25 c. par tonne et par kilomètre.

La Compagnie n'accepte pas le transport des masses indivisibles pesant plus de 10,000 kilogrammes, ni des objets dont les dimensions excèdent celles du matériel.

Si, nonobstant la disposition qui précède, la Compagnie transporte des masses indivisibles pesant plus de 10,000 kilogrammes, des objets dont les dimensions excèdent celles du matériel, elle devra, pendant trois mois au moins, accorder les mêmes facilités à tous ceux qui en feraient la demande.

Dans ce cas, les prix de transport seront fixés par l'administration, sur la proposition de la Compagnie.

Dans toutes les gares d'expédition ou de destination où il n'existe pas de grues ou de treuils de force suffisante pour le chargement ou le déchargement des masses indivisibles pesant plus de 5,000 kilogrammes, le chargement et le déchargement en seront faits par les soins et aux frais, risques et périls de l'expéditeur ou du destinataire.

MATIÈRES INFLAMMABLES OU EXPLOSIBLES ET OBJETS DANGEREUX

Les matières inflammables ou explosibles, telles que : poudre à feu, fulminantes, capsules, artifices, allumettes, chimiques, phosphore, éther et les objets dangereux pour lesquels des règlements de police prescriraient des précautions spéciales sont taxés moitié en sus du prix fixé par le tarif général, pour les marchandises de la première série.

Toutes ces marchandises sont exclues

des trains portant des voyageurs et ne peuvent être expédiées que par petite vitesse.

MARCHANDISES NE PESANT PAS 200 KIL. SOUS LE VOLUME D'UN MÈTRE CUBE

Les denrées et marchandises diverses qui ne pèseraient pas 200 kilogrammes, sous le volume d'un mètre cube, sont taxés, d'après le tarif du cahier des charges, *moitié* en sus des prix fixés par le tarif général, selon la série à laquelle ces denrées et marchandises appartiennent, sans que, dans aucun cas, la taxe à percevoir puisse être superieure à celle qui résulterait de l'application du tarif simple au poids fictif calculé à raison de 200 kilogrammes par mètre cube.

Ces conditions de transports, applicables aux colis ne pesant pas 200 kilogrammes, ne reçoivent généralement pas leur franche application ; elles offrent des difficultés d'autant plus grandes que l'expéditeur se trouve, le plus souvent, dans l'impossibilité de pouvoir remplir d'une façon précise les conditions nécéssaires à la bonne expédition de ses marchandises.

En effet, pour obtenir la taxe la plus réduite afférente aux colis ne pesant pas 200 kilogrammes sous le volume d'un mètre cube, il est indispensable :

1° De peser et de cuber les colis faisant partie d'une même expédition.

2° De s'assurer si le poids réel de ces colis représente ou ne représente pas le poids de 200 kilogrammes sous le volume d'un mètre cube.

3° De connaître les prix de transport afférents à la taxe ordinaire et celui qui découle de la taxe appliquée par mètre cube, c'est-à-dire par 200 kilogrammes.

4° De juger, enfin, tout calcul fait, toute proportion gardée, si la taxe doit être appliquée moitié en sus des prix fixés au tarif général, ou doit être faite au poids fictif de 200 kilogrammes.

Il nous paraît presque impossible, à moins de connaissances spéciales, que l'expéditeur puisse se rendre bien compte de ces difficultés et, par conséquent, puisse bénéficier de la taxe la plus réduite à laquelle il a droit. Il en résulte que les expéditions de marchandises ne pesant pas

200 kilogrammes sous le volume d'un mètre cube, supportent à tort et, cinq fois sur dix, la taxe complète de la série et demie.

Le soin de faire l'application réelle, efficace des tarifs homologués incombe aux Compagnies de chemins de fer ; c'est pourquoi nous leur demandons qu'aucune taxe à la série et demie ne puisse être appliquée sans que la mention du cubage ne soit portée sur les récépissés, tant de l'expéditeur que du destinataire. Cette mesure produirait d'excellents résultats et ferait disparaître d'inévitables inégalités de taxes.

Nous n'ignorons pas que la mise en pratique de la mesure que nous proposons amènerait un surcroît de travail dans les gares, peut-être même un excédant de frais pour les Compagnies ; mais aux Compagnies, cependant, puisqu'elles prélèvent le bénéfice, de s'adjoindre le nombre d'employés nécessaires à la bonne exécution des charges que leur imposent leurs priviléges.

Nous donnons plusieurs exemples pour démontrer l'utilité de nos observations.

1° *De Nice à Paris*, de gare en gare,

timbre et enregistrement compris, *expédition d'une caisse, meubles pesant 120 kilog.*

Taxée comme marchandise encombrante, c'est-à-dire payant moitié en plus de la taxe ordinaire, le port de cette expédition serait de.................... 22 fr. 70

Supposons à cette caisse les dimensions suivantes : 1 mètre de hauteur, 0 m. 80 centimètres de largeur et 0 m. 80 centimètre de longueur. Multiplions ces trois mesures les unes par les autres et nous trouverons un cube de 0 mètre 640, qui, à raison de 200 kilogrammes au mètre cube, produira le poids fictif de 128 kilogrammes.

Dans ces conditions, l'expédition sera taxée au poids fictif de 128 kilogrammes, et le prix du port ne sera plus que 16 fr. 55.

2ᵉ Voyons maintenant ce que coûterait le port de *dix balles, coton cardé*, ensemble 800 kilogrammes, expédiées de Paris à Bordeaux, de gare en gare, timbre et enregistrement compris.

Cette marchandise ne pesant pas 200 kilogrammes sous le volume d'un mètre cube paierait la taxe et demie, et le port serait de.................... fr. 82 20

Supposons que ces dix balles réunies mesurent 2 mètres 60 de long, 2 mètres 20 de haut, 0,80 c. de large, soit *4 mètres cubes 368*, représentant un poids fictif de 873 kilogrammes, la taxe sera faite sur 873 kilogramme seulement, et le prix du port ne sera plus que de.... fr. 60 70

Les exemples qui précèdent démontrent l'utilité de l'opération du cubage toutes les fois que les colis à expédier offrent la moindre chance d'être taxés comme marchandises encombrantes, c'est à dire moitié en plus du tarif ordinaire.

Comme dernière remarque sur ce chapitre nous ajoutons que quel que soit le nombre des colis composant une expédition, et alors même qu'une partie de ces colis ne représenterait pas le poids réglementaire de 200 kilogr. sous le volume d'un mètre cube, la taxe de la moitie en plus du tarif ordinaire ne saurait être appliquée sur ces derniers colis, alors que le poids total de l'expédition représenterait le poids réel de 200 kilog. sous le volume d'un mètre cube.

CHAPITRE VI

Tarifs spéciaux. — Tarifs communs.

—

Les tarifs spéciaux et les tarifs communs, c'est-à-dire à prix réduits, sont essentiellement mobiles et subissent quotidiennement des rectifications, additions et modifications. Ils tendent, de jour en jour, à devenir plus nombreux et chacune de nos lignes de fer s'applique, nous n'en doutons pas, à les réglementer au profit du commerce.

En quoi consiste l'utilité des tarifs généraux et des tarifs communs, et pourquoi ont ils été créés ?

Pour éxonérer le commerce d'une partie des frais relativement très-élevés des tarifs généraux, et lui permettre de bénéficier des prix réduits résultant des tarifs spéciaux et des tarifs communs ; pour donner à nos usines, à nos fabriques, à nos grands centres de production, les moyens pratiques de pouvoir transporter au loin, et dans des conditions d'économie relative, les produits de leur industrie ; pour permettre à chaque contrée, à chaque département, à chaque ville de pouvoir échanger avec d'autres contrées, d'autres départements, d'autres villes, et sans trop en augmenter les prix, leurs mille produits manufacturés ou naturels.

La création des tarifs spéciaux et communs serait lettre morte s'il en était autrement. Nous n'aurions, alors, qu'à en demander la radiation complète et à souhaiter la révision de nos tarifs généraux, en ce qui concerne surtout les prix de transport.

Mais il n'en est pas ainsi ; et c'est parce que nous sentons tout le bien que le commerce peut en tirer, parce que nous croyons au bien qu'ils peuvent produire que nous demandons leur maintien et que nous conseillons au commerce d'en profiter largement.

En règle générale, les tarifs spéciaux et les tarifs communs ne sont appliqués que sur la demande expresse des expéditeurs. Cette formalité est exigée par les Compagnies pour se couvrir des conditions qu'elles imposent au public, et pour se mettre à l'abri de toutes réclamations.

Ces conditions, imposées par les Compagnies, varient suivant les tarifs, et reposent principalement soit sur le poids minimum des marchandises à expédier, soit sur une prolongation dans les délais de transport, soit, enfin, sur une non-responsabilité à leur profit. Cette dernière condition est ainsi formulée dans certains tarifs spéciaux ou communs :

« *Les Compagnies ne répondent pas des déchets et avaries de route.* »

Nous avouons ne pas comprendre le sens vrai de cette restriction, et nous ne pouvons admettre comment les Compagnies de chemins de fer seraient recevables à ne pas répondre des déchets et avaries de route, alors que ces déchets et avaries proviendraient de leur fait.

Nous pensons que le commerce est appelé à profiter des tarifs créés pour lui, homologués en sa faveur, sans abandonner les droits incontestables que la loi lui confère, et sans perdre aucun de ses droits de recours contre les Compagnies, alors que ces Compagnies lui causent un préjudice quelconque.

Dans l'intérêt de tous, et pour faire disparaître mille causes de procès à cet égard, il serait à désirer que les Compagnies consentissent sinon à annuler, du moins à compléter d'une façon plus logique le sens de cette restriction contre laquelle nous devons nous prononcer.

Jusques là, nous engageons le commerce à ne pas trop redouter les conditions des tarifs spéciaux ou communs, toutes les fois qu'il y aura avantage à en demander l'application.

Les marchandises en général n'étant pas toutes admises au bénéfice des tarifs spéciaux ou communs, toutes celles qui y trouvent place n'étant pas soumises aux mêmes conditions de taxe, nous ne pouvons éclairer nos lecteurs sur le choix et l'utilité de tels on tels tarifs ; nous nous bornons à les encourager dans la voie que nous leur avons tracée, de ne pas craindre de demander, toujours, l'application des tarifs les plus réduits, soit spéciaux, soit communs.

Ils y trouveront avantage, ainsi que nous le démontrons par les exemples qui suivent, se rapportant à des expéditions taxées aux prix des tarifs généraux, aux prix des tarifs spéciaux, aux prix des tarifs communs.

Expédition d'oranges et de citrons, en caisses, d'un poids de 2,000 kilogs.

1° *De Nice à Paris*, 1,086 kilomètres. De gare en gare, timbre et enregistrement compris.

Taxe du port, par *tarif général* Fr. 250 30
Taxe du port, par *tarif spécial*   200 30

2° *Expédition d'un fût huile d'olives*, d'un poids de 250 kilogrammes.
De *Nice au Hâvre*, 1,327 kilomètres.

De gare en gare, timbre et enregistrement compris :

Taxe du port, par *tarif général* Fr. 32 45
Taxe du port, par *tarif spécial*   23 45
Taxe du port, par *tarifs communs*   20 80

Devant des différences de prix de transport aussi sensibles, nous insistons, dans l'intérêt du commerce, à demander aux Compagnies de Chemins de Fer la création soit d'un bureau, soit d'un guichet spécial où le public puisse, à l'aise, demander et recevoir les renseignements qui lui sont indispensables.

Nous terminons cette étude en appelant l'attention de qui de droit sur une question importante qui mérite un sérieux examen et une prompte solution.

Les Compagnies de Chemins de Fer, en percevant le prix d'un transport, contractent avec l'expéditeur, non-seulement l'obligation de livrer intactes les marchandises qu'elles reçoivent, mais encore l'obligation de livrer ces marchandises dans les délais réglementaires.

Mille cas se présentent cependant, où, par suite de fausses directions, par suite d'erreurs, la marchandise n'est pas livrée en temps utile ; ou, par suite de perte certaine, la marchandise n'arrive pas à sa destination.

Dans ces conditions, les Compagnies de Chemins de Fer ne devraient-elles pas aviser l'expéditeur et le mettre à même de pouvoir réparer immédiatement le tort qu'elles lui causent ?

Tout est bien alors que le destinataire, prévenu par l'expéditeur, peut réclamer directement, et en temps utile, les marchandises qui lui sont adressées ; tout est mal alors que le destinataire n'ayant pas connaissance de l'envoi qui lui est fait, des jours, des semaines, des mois se passent sans qu'il puisse formuler de légitimes réclamations.

De même que les Compagnies informent l'expéditeur des causes qui s'opposent à la livraison des marchandises qui leur sont confiées, de même les Compagnies devraient bien, suivant nous, donner avis des retards qui se produisent en cours d'expédition, et informer immédiatement soit l'expéditeur, soit le destinataire de la perte, même incertaine, de tout ou partie d'une expédition.

Nous pensons que cette mesure, en produisant de bons résultats, ferait cesser bon nombre de plaintes et de réclamations.

Qu'il nous soit maintenant permis de remercier messieurs les propriétaires du *Phare du Littoral* d'avoir bien voulu ouvrir les colonnes de leur journal à cette modeste étude, que nous publions en brochure, grâce au bienveillant concours de notre imprimeur et ami M. V.-Eugène Gauthier.

Puisse cette brochure être utile à tous, et nous serons satisfaits.

Th. FÉVRIER.

Nice. — Typ. V.-Eugène Gauthier et Cᵉ.